Mi biblioteca de ciencias

Adaptaciones de los animales

Julie K. Lundgren

Editora científica:
Kristi Lew

ROURKE PUBLISHING

www.rourkepublishing.com

Editora científica: Kristi Lew
Antigua maestra de escuela secundaria con una formación en bioquímica y más de 10 años de experiencia en laboratorios de citogenética, Kristi Lew se especializa en hacer que la información científica compleja resulte divertida e interesante, tanto para los científicos como para los no científicos. Es autora de más de 20 libros de ciencia para niños y maestros.

www.rourkepublishing.com

Agradecimientos: La autora quiere agradecerles a Melissa Martyr-Wagner y a Sam, Riley y Steve Lundgren.

Photo credits: Cover © Audrey Snider-Bell; Cover logo frog © Eric Pohl, test tube © Sergey Lazarev; Page 4 © hagit berkovich; Page 5 © Ammit; Page 6 © Eric Isselée; Page 7 © Geoffrey Kuchera; Page 9 © Jean-Edouard Rozey; Page 10 © Eric Isselée; Page 11 © Susan Flashman; Page 12/13 © Dirk Ercken; Page 15 © Audrey Snider-Bell; Page 16 © NREY; Page 17 © worldswildlifewonders; Page 19 © Sharon Day; Page 21 © Sari ONeal

Editora: Kelli Hicks

Cubierta y diseño de página de Nicola Stratford, bdpublishing.com
Traducido por Yanitzia Canetti
Edición y producción de la versión en español de Cambridge BrickHouse, Inc.

Library of Congress Cataloging-in-Publication Data

Lundgren, Julie K.
Adaptaciones de los animales / Julie K. Lundgren.
    p. cm. -- (Mi biblioteca de ciencias)
Includes bibliographical references and index.
ISBN 978-1-61741-733-7 (Hard cover) (alk. paper)
ISBN 978-1-61741-935-5 (Soft cover)
ISBN 978-1-61236-909-9 (Soft cover - Spanish)
1. Animal Adaptations --Juvenile literature. I. Title.
QL49.L956 2012
591.5--dc22
                                        2011938859

Rourke Publishing
Printed in the United States of America,
North Mankato, Minnesota
091911
091911MC

www.rourkepublishing.com - rourke@rourkepublishing.com
Post Office Box 643328 Vero Beach, Florida 32964

Contenido

Maneras de vivir

Las **adaptaciones** ayudan a los animales a **sobrevivir**.

Algunos animales tienen colores que los ayudan a esconderse. ¿Puedes ver el insecto?

Los ojos grandes ayudan a los búhos a cazar en la noche.

5

Las adaptaciones son las diversas maneras en que han cambiado los animales a través de muchos años. Incluyen cambios en el cuerpo y en la forma de actuar.

El rociado apestocillo mantiene lejos a los enemigos del zorrillo.

¿Cómo luzco?

Algunas adaptaciones cambian la apariencia de los animales. Las **branquias** permiten que el pez pueda **respirar** bajo el agua.

branquia ➙

Las tortugas tienen caparazones que las protegen.

Las patas **palmeadas** de la rana la ayudan a nadar.

13

¿Cómo actúo?

Algunas adaptaciones cambian la forma en que actúan los animales. Las serpientes de cascabel mueven sus ruidosas colas para asustar a sus enemigos.

cola

15

Los lemures usan sus colas para lograr el equilibrio.

Los chimpancés usan ramitas para recolectar hormigas y **termitas.**

una termita

Un animal puede tener muchas adaptaciones que lo ayudan a sobrevivir.

Los caballos tienen patas fuertes para correr y largas colas para espantar moscas.

DEMUESTRA lo que sabes

1. ¿Qué tipo de adaptaciones tienen los animales acuáticos?

2. ¿Tienen los animales terrestres las mismas adaptaciones que los animales acuáticos?

3. ¿Por qué son importantes las adaptaciones?

Glosario

adaptaciones: cambios en los animales a través de los años que los ayudan a sobrevivir

branquias: partes de un pez, y otros animales acuáticos, que se usan para respirar

palmeada: piel que conecta entre sí los dedos de las patas

respirar: introducir aire fresco hacia adentro y sacar el aire usado fuera del cuerpo

sobrevivir: continuar viviendo, a pesar de los peligros

termitas: insectos pequeños y blandos que comen madera y viven agrupados en grandes cantidades

Índice

Sitios en la Internet

www.animalfactguide.com/

www.buildyourwildself.com/

www.ecokids.ca/pub/eco_info/topics/climate/adaptations/

Acerca de la autora

Julie K. Lundgren creció cerca del Lago Superior, donde le gustaba pasar tiempo en el bosque, recoger bayas y ampliar su colección de rocas. Su interés en la naturaleza la llevó a graduarse de biología. Hoy vive en Minnesota con su familia.